Dänemark

lieben lernen

Der perfekte Reiseführer für einen unvergessli-chen Aufenthalt in Dänemark inkl. Insider-Tipps, Tipps zum Geldsparen und Packliste

Luisa Schipper

✈ INHALT

1. Das erwartet Sie in diesem Buch

Kilometerlanger Sandstrand, ein malerischer Blick auf das Meer und nichts als Ruhe. Harboøre, an der Westküste Dänemarks, ist der ideale Urlaubsort für Menschen, die pure Entspannung suchen und die Seele baumeln lassen möchten. In einem Ferienhaus direkt am Strand können Sie unmittelbar nach dem Aufstehen den Wellen des Meeres lauschen, und dabei gemütlich auf der Terrasse frühstücken. Im Anschluss packen Sie Ihre Badesachen, überqueren die Dünen und genießen den atemberaubenden Blick auf die dänische Nordsee. Es ist nichts weiter zu sehen als das endlos wirkende Meer, welches in der Ferne mit dem Horizont zu verschmelzen scheint. Am kilometerlangen und breiten Strand können Sie völlig ungestört baden und mit den Wellen gleiten. Vielleicht entscheiden Sie sich auch für einen Spaziergang und sammeln Muscheln oder sogar Bernsteine. Wenn Sie ein Stück am Strand entlanggehen, werden Sie schon bald in der Ferne Umrisse von etwas entdecken, das wie ein Gebäude anmutet, teilweise sogar mitten im Wasser. Spätestens dann werden Sie merken, dass ein Urlaub in Harboøre nicht nur der reinen Entspannung dient, sondern auch für historisch und kulturell Interessierte durchaus spannend ist: Bei den Gebäuden, die sich weitläufig versetzt an den Stränden finden lassen, handelt es sich nämlich um Bunker aus dem Zweiten Weltkrieg. Einige von ihnen sind sogar begehbar, viele aber teilweise bereits im Sand oder gar im Meer „versunken". Nach dem Spaziergang können Sie Museen besichtigen, an Führungen teilnehmen oder einfach in einem der naheliegenden Städtchen bummeln gehen und den Abend in einem Restaurant gemütlich ausklingen lassen. Vielleicht möchten Sie auch das Kitesurfen erlernen oder Haie füttern? Harboøre und seine Umgebung bieten viele Möglichkeiten für einen entspannten und doch abwechslungsreichen Urlaub. Dieser Ratgeber möchte Ihnen genau das näher bringen. Neben Informationen über die Geschichte, das Leben und die Einheimischen in der Region werden Ihnen auch exklusive Ausflugsziele und Sehenswürdigkeiten vorgestellt, damit Sie einen unvergesslichen Urlaub an der Westküste Dänemarks planen können.

Wikinger, Königreiche, Erweckung

In diesem Kapitel wird Ihnen zunächst ein Überblick über die wesentlichen Aspekte der Geschichte Dänemarks gegeben, die im Verlauf des Ratgebers noch eine Rolle spielen werden. So werden Sie erfahren, wie das Land, in dem Sie Urlaub machen möchten, überhaupt entstanden ist und wie es sich bis heute entwickelt hat. Anschließend erfahren Sie auch, wie sich Ihr Urlaubsort Harboøre in diesem Kontext herausgebildet hat.

DÄNEMARK VON DER WIKINGERZEIT BIS HEUTE

Mit rund 41.000 km² Fläche und circa 5,8 Millionen Einwohnern (Stand Januar 2019) zählt Dänemark zu den eher kleineren Ländern Europas. Trotzdem gilt Dänemark als eines der ältesten Länder unseres Kontinents. Die ältesten Relikte, die von Forschern entdeckt wurden, weisen sogar auf Zivilisationen hin, die aus der Steinzeit stammen sollen. Die mit Quellen belegbare Geschichte Dänemarks beginnt allerdings erst im 6. Jahrhundert nach Christus. Zu jener Zeit wanderten die Vorfahren der heutigen Dänen aus Südschweden in die nordöstlichen Landabschnitte des heutigen Dänemarks ein und verdrängten dort die bereits ansässig gewordenen germanischen Stämme. Diese frühen Dänen begründeten damit den Anfang der sogenannten Wikingerzeit. Als Seefahrer eroberten sie wesentliche Teile Norwegens, der britischen Inseln und ebenso die westlichen und südlichen Gebiete des heutigen Dänemarks. Neben den Dänen gehörten auch die Schweden und die Norweger zu den Wikingern. Doch die frühen Dänen waren nicht nur mit Eroberungen beschäftigt, sie betrieben nämlich zudem auch regen Handel und Plünderei. Ihre Spuren reichen dabei in den Westen bis nach Nordamerika und in den Süden bis ans Mittelmeer.

Während der Wikingerzeit haben sich im heutigen Dänemark zahlreiche neue Stämme gebildet, aus welchen im Laufe der Zeit voneinander unabhängige Königreiche entstanden sind. Prägend für das Ende dieser Wikingerzeit ist die Vereinigung aller Königreiche, zum Königreich Dänemark, im 10. Jahrhundert. Dafür verantwortlich war Gorm der Alte, der als erster König von Dänemark gilt und Kopenhagen zur Hauptstadt seines Königreichs machte, was sie bis heute ist. In der Folgezeit verloren die Dänen aufgrund von Machtkämpfen mit Großbritannien und Norwegen immer wieder Teile ihres Landes, konnten ihr Königreich aber bis zum 13. Jahrhundert in Richtung Norden, Osten und Süden bis nach Schweden und zum Ostseeraum in Deutschland erweitern. Bis zur Mitte des 17. Jahrhunderts fanden allerdings immer wieder Auseinandersetzungen zwischen Dänemark und Schweden statt, bei welchen Dänemark schließlich den Schweden unterlag, und das einst eroberte Gebiet wieder an diese abtreten musste.

In den Napoleonischen Kriegen, am Ende des 18. Jahrhunderts und zu Beginn des 19. Jahrhunderts, musste Dänemark ebenfalls schwere Verluste hinnehmen. Das Königreich blieb in den Kriegen zwar neutral, jedoch wurde die Hauptstadt von den Briten zerstört, nachdem die Dänen sich weigerten, sich mit diesen zu verbünden. Unter anderem aus diesem Grund stellte sich Dänemark dann auf die Seite von Napoleon und somit auf jene von Frankreich. Infolgedessen mussten die Dänen nach der Niederlage Napoleons 1814 unter anderem auf die eroberten Gebiete Norwegens verzichten.

In den Deutsch-Dänischen Kriegen in der Mitte des 19. Jahrhunderts verlor Dänemark die Herzogtümer Schleswig, Holstein und Lauenburg im

Ostseeraum an den deutschen Bund. Während des Ersten Weltkrieges, in welchem Dänemark neutral blieb, erhielt es nach einer Volksabstimmung wenigstens Nordschleswig zurück. Von dieser Zeit an bis heute ist das Landesgebiet Dänemark unverändert geblieben.

Auch im Zweiten Weltkrieg blieb Dänemark neutral. Doch trotz des Nichtangriffspaktes wurde das Land bis zum Ende des Krieges von den Deutschen besetzt. Bis 1945 kamen dabei etwa 7.000 Dänen ums Leben. Als besonderes Ereignis während des Zweiten Weltkriegs ist in diesem Zusammenhang die sogenannte „Rettung der dänischen Juden" zu nennen. Diese Rettung ermöglichte ausgerechnet ein deutscher Diplomat und Mitglied der NSDAP, Georg Ferdinand Duckwitz. Dieser hatte dem Nationalsozialismus insgeheim jedoch schon lange den Rücken zugekehrt. Im Oktober 1943 sollten rund 7.500 dänische Juden in Konzentrationslager nach Deutschland befördert werden. Durch seine guten Kontakte zum schwedischen Ministerpräsidenten konnte Duckwitz im Vormonat der geplanten Deportation Schweden zu einer Bereiterklärung über die Aufnahme der dänischen Juden bewegen. Zur erfolgreichen Flucht über See nach Südschweden trugen vor allem auch dänische Fischer bei. Dank des Einsatzes von Duckwitz konnten so rund

7.300 dänische Juden dem Holocaust entkommen. Zur Zeit des Zweiten Weltkriegs entstanden demnach auch die eingangs erwähnten Bunker, die heute noch an der Westküste des Landes zu finden sind und über die Sie an späterer Stelle noch nähere Informationen erhalten werden.

Nach dem Zweiten Weltkrieg beteiligte sich Dänemark sowohl an der UNO als auch an der NATO als Gründungsmitglied. 1973 trat das Land der Europäischen Union bei, nimmt jedoch bis heute nicht an der Währungsunion teil. Die offizielle Währung ist die Dänische Krone, wobei aber auch der Euro mittlerweile als akzeptiertes Zahlungsmittel gilt. Bereits seit 1972 wird Dänemark von der Königin Margrethe II. regiert. Schließlich gehört Dänemark heute zu den wohlhabendsten Ländern der Welt und ist nicht nur für Europäer ein beliebtes Urlaubsziel.

1.1. FISCHEREI, ERWECKUNG UND ZEITZEUGE – HARBOØRE

Harboøre ist, im Gegensatz zu anderen unter Touristen beliebten Städten, alles andere als eine lebhafte Metropole. Mit seinen rund 1.450 Einwohnern und einer Fläche von etwas mehr als 500

Quadratkilometern ist es ein vergleichsweise kleiner Ort, welcher zur Gemeinde beziehungsweise Kommune Lemvig in der Region Nordwestjütland gehört. Obwohl Harboøre damit unscheinbar anmutet, blickt es doch – vor allem aufgrund seiner geografisch vorteilhaften Lage – auf eine bemerkenswerte Geschichte zurück.

Gut zu wissen!

Das dänische Festland wird Jütland genannt. Jütland gliedert sich in drei offizielle Regionen: Hinter der deutschen Grenze beginnt Südjütland, das in Richtung Norden in Mitteljütland übergeht und schließlich an Nordjütland grenzt. Daneben gibt es noch verschiedene inoffizielle Unterteilungen. So wird die Westküste oft als Westjütland bezeichnet, die Ostküste des Landes wird analog dazu Ostjütland genannt. Die Region um Harboøre wird dementsprechend auch gerne als Nordwestjütland bezeichnet, da sie sich zum einen in Nordjütland und zum anderen an der Westküste befindet.

In historischen Quellen taucht der Name Harboøre erstmals um 1255 als „Harthboøræ" auf. Bis zum

16. Jahrhundert liegen allerdings keine weiteren Hinweise auf das Leben und die Entwicklung des Ortes vor. Forscher gehen davon aus, dass die Region um Harboøre bis ins 10. Jahrhundert hinein ein Stützpunkt der Wikinger war, von wo aus sie ihre Eroberungen und den Handel planten und koordinierten.

Ab dem 16. Jahrhundert stand in Harboøre die Fischerei im Mittelpunkt. Durch die gute Lage an der Küste stellten die Fischerei und entsprechend auch der Handel natürlich ein lukratives Geschäft und zugleich die Lebensgrundlage der Einheimischen dar.

Nach den Deutsch-Dänischen Kriegen am Ende des 19. Jahrhunderts erregte das „kleine" Harboøre durch die sogenannte Harboøre-Erweckung große Aufmerksamkeit und erhielt so eine bedeutsame Popularität in ganz Dänemark. Vielleicht haben Sie im Zusammenhang mit der deutschen Geschichte des 19. Jahrhunderts schon einmal den Begriff „Erweckungsbewegung" im Rahmen der Inneren Mission der evangelischen Kirche gehört. Dabei handelt es sich vereinfacht gesagt um eine christliche Strömung, welche das religiöse Leben (wieder) in den Mittelpunkt rücken und zu neuem Leben „erwecken" soll. Von einer solchen Bewegung wird jedoch nicht das gesamte Volk eines Landes erfasst, wie es etwa in ähnlicher Weise bei der lutherischen Reformation der Fall war, sondern nur eine Gruppe oder eine Region. Die Ursache für eine Erweckungsbewegung ist meist ein prägendes oder schicksalhaftes Ereignis, durch welches die Hingabe zu Gott erweckt oder verstärkt und damit ein Umbruch im Leben der beteiligten Menschen erreicht wird. Harboøre erlebte ein solches Ereignis im Jahre 1893, als 26 Fischer aus dem Ort auf See fuhren und nicht mehr nach Hause zurückkehrten. Bei deren Beerdigung hielt der örtliche Pastor eine Trauerrede, in der er die Schuld für das Seeunglück der fehlenden Gotteshingabe der Dorfgemeinde gab. Fortan führten die Bewohner von Harboøre eine stark christlich geprägte Lebensweise und verurteilten alle, die ihnen in diesem Verhalten nicht folgten. Ein weiteres Schiffsunglück nur vier Jahre später führte außerdem zur Festigung der Erweckungsbewegung. Noch heute gilt Harboøre als zentraler Ort der Inneren Mission Dänemarks.

Tipp!

Wenn Sie sich noch näher mit dem Leben während der Erweckungsbewegung in Harboøre beschäftigen möchten, können Sie das 1928 veröffentlichte Buch „Fiskerne" von

Hans Kirk lesen. Kirk war Sohn einer Fischerfamilie aus Harboøre und beschreibt in seinem Roman das dortige Leben während und nach der Harboøre-Erweckung. 1969 erschien das Buch auch in deutscher Sprache unter dem Titel „Die Fischer."

Im Zweiten Weltkrieg, als Dänemark unter deutsche Kontrolle geriet, wurden an der Küste von Harboøre und seiner Nachbarorte zahlreiche Bunker – man spricht von etwa 7.000 an der gesamten Westküste – errichtet. An der gesamten Westküste sind noch heute um die 6.000 Bunker zu finden, von denen aber nur noch wenige begehbar sind. Von den meisten Bunkern sind nur noch die „Dächer" zu sehen, oder sie sind ganz im Sand oder gar im Meer versunken. Es kam sogar schon häufiger vor, dass Bunker im Sand nach einem starken Sturm freigelegt wurden, die vorher überhaupt nicht sichtbar waren. Es sind stille Zeitzeugen, die zwar spannend, zugleich aber auch unheimlich anmuten und nur erahnen lassen, wie viel Schrecken und Leid die deutsche Wehrmacht in Dänemark verbreitet hat.

Kultur und Leben in Dänemark

Untersuchungen zufolge gelten die Dänen als das glücklichste Volk der Welt. Dies liegt vor allem an der positiven Lebenseinstellung und der Verbundenheit der Dänen mit ihrem Land. In diesem Kapitel erhalten Sie Informationen über diese Lebenseinstellung der Dänen, sowie über ihre Kultur und ihren Alltag. Während zunächst auf typische Eigenschaften, Gepflogenheiten und Traditionen der Einheimischen eingegangen wird, geht es im zweiten Unterkapitel um die dänische Sprache. Im dritten Unterkapitel erfahren Sie mehr über die klassische dänische Küche.

1.2. WAS IST EIGENTLICH TYPISCH DÄNISCH?

Da Sie sich entschlossen haben, diesen Ratgeber zu lesen, haben Sie sich sicherlich schon einmal näher mit dem Land Dänemark beschäftigt. Wahrscheinlich ist Ihnen dabei auch schon einmal der Begriff „Hygge" begegnet. Fälschlicherweise wird

„Hygge" oft mit „Gemütlichkeit" übersetzt, jedoch gibt es kein adäquates Wort im Deutschen, das „Hygge" hinreichend beschreibt. „Hygge" ist nicht einfach ein Zustand, sondern es steht für die dänische Lebensweise. Dänen legen durchaus Wert darauf, in ihrem eigenen Zuhause eine gemütliche Atmosphäre zu schaffen, in der sie sich wohlfühlen. Auch gemütliche Abende mit der Familie oder mit Freunden sind „hyggelig". „Hygge" umfasst jedoch viel mehr. Die Dänen gehen alle Dinge im Alltag viel gelassener an als wir. Sie legen viel Wert auf eine gesunde Work-Life-Balance, um genügend Zeit mit ihrer Familie verbringen zu können. Überstunden sind in Dänemark eher ungewöhnlich, weshalb das Leben hier auch stressfreier ist und gearbeitet wird nur selten unter Zeitdruck. Unter anderem aus diesem Grund sind die Dänen auch für ihre Zufriedenheit bekannt. Dazu trägt aber ebenfalls der Umstand bei, dass die Dänen viel bescheidener und geduldiger sind als beispielsweise wir Deutschen. Sie erfreuen sich nämlich auch an den kleinen Dingen des Lebens und stellen nur selten hohe Ansprüche. Sie nehmen sich viel mehr Zeit für die schönen Dinge des Lebens und machen sich weniger Sorgen um Zukünftiges. Eine weitere wesentliche Eigenschaft der „hyggeligen" Lebensweise ist die Geselligkeit. So findet man in

Dänemark einen enorm starken Zusammenhalt zwischen Familienmitgliedern, Freunden und sogar zwischen Arbeitskollegen. Regelmäßig etwas gemeinsam zu unternehmen – seien es einfache Treffen zu Kaffee und Kuchen oder auch diverse Feste zu bestimmten Anlässen –, ist essenzieller Bestandteil im Leben der Dänen. Ein wichtiger Aspekt im Leben der Dänen ist auch das Königshaus. Königin Margrethe II. und die königliche Familie sind fest im Alltag der Dänen verankert. So wird beispielsweise immer, wenn ein Mitglied des Königshauses Geburtstag feiert, die dänische Flagge gehisst. Während bei uns Deutschen an Silvester das Feuerwerk im Mittelpunkt steht, ist der Höhepunkt dieses Tages in Dänemark die Neujahrsansprache der Königin. Sie sehen also, dass man „Hygge" nicht bloß mit einem Wort übersetzen kann, man muss es einfach erleben. Wenn Sie nach Dänemark reisen, werden Sie schnell die ruhige und ausgeglichene Atmosphäre wahrnehmen. Die positive Einstellung der Dänen wird Sie anstecken und Sie werden sich sofort wohlfühlen.

Die dänische Flagge – die „Danebrog" – wird von den Einheimischen jedoch nicht nur zu einem königlichen Geburtstag gehisst. Die Dänen sind derart heimatverbunden, dass sie bei nahezu jeder Gelegenheit auf ihre Nationalflagge zurückgreifen. So wird auch bei dem eigenen Geburtstag und bei jedem erdenklichen Fest mit der Danebrog dekoriert, anstatt das Haus beispielsweise mit Luftballons und Girlanden zu schmücken. Ganz nach diesem Muster sind dann auch Tischgedeck und oft sogar Torten verziert. Darüber hinaus besitzt nahezu jeder Däne auf seinem Grundstück einen Fahnenmast, wo er nach Belieben die dänische Flagge hissen darf. Auch auf den Grundstücken von Gewerbeeinheiten befinden sich meist mehrere Maste, an denen die Danebrog – oft auch kombiniert mit der Flagge der Europäischen Union – zu sehen ist. Dabei gibt es jedoch einige Regeln, die zu beachten sind. Während der Danebrog-Wimpel – eine schmale und nach vorn hin spitz verlaufende Version der dänischen Flagge – nach Belieben verwendet werden kann, darf die große und rechteckige Nationalflagge nur zu bestimmten Anlässen, wie beispielsweise zu Feiertagen, gehisst werden. Eine Besonderheit ist jedoch, dass ausländische Einwohner von diesem Recht ausgeschlossen sind. Sie dürfen keine Flagge – noch nicht einmal die Danebrog – hissen. Zuletzt werden Sie auch in Einkaufszentren und auf den Grundstücken diverser Freizeitangebote immer wieder die dänische Flagge sehen. Da die Dänen großen Wert auf regionale

Produkte legen, befindet sich der Danebrog sogar auch auf den meisten Produktverpackungen.

Ein wesentliches Merkmal, das man den Dänen zuschreibt, ist Vertrauen. Während die Deutschen, vor allem in Bezug auf finanzielle Angelegenheiten, von Grund auf eher skeptisch und misstrauisch sind, baut der Däne nahezu bedingungslos auf Vertrauen. In den ländlichen Gegenden in und um Harboøre werden Sie an den Rändern von Landstraßen häufig kleinen Verkaufsständen begegnen. Hier wird meist selbstgemachte Marmelade, Gemüse oder Obst angeboten. Wenn Sie zu einem solchen Stand gehen und nach dem Verkäufer Ausschau halten, werden Sie allerdings vergeblich warten, denn diese Stände sind eigentlich immer „unbemannt". Stattdessen ist jedes einzelne der Produkte mit einem Preis ausgezeichnet und auf der Theke des Standes, oder unmittelbar davor, steht eine Geld-Schatulle. Manchmal werden Sie auch ein Schild mit einer Aufschrift wie „Frit valg 30 kr" vorfinden – übersetzt etwa „freie Wahl für 30 Kronen". Das bedeutet dann, dass Sie sich für 30 Kronen alle Produkte, die Sie benötigen, nehmen dürfen. Wenn Sie nun beispielsweise ein Glas Marmelade kaufen möchten, schauen Sie auf das Preisetikett und legen das entsprechende Geld in die Schatulle. Das Besondere ist, dass diese Schatulle keineswegs verschlossen ist und man nur das Geld einwerfen kann. Hingegen lässt sie sich öffnen, um Ihnen als Käufer die Möglichkeit zu geben, Wechselgeld zu entnehmen, falls Sie nicht passend zahlen können. Ein solches Geschäftsmodell ist beispielsweise hier in Deutschland wohl kaum vorstellbar. Sofort kommt man auf die Idee, dass man ja einfach alle Produkte entnehmen könnte, ohne auch nur eine Øre – das dänische Pendant zu unserem Cent – dafür zu zahlen. Dazu könnte man auch einfach die Wechselgeld-Schatulle mitnehmen, ohne dass es in dem weitläufigen Gebiet jemand merken würde. Doch der Däne baut auf Vertrauen. Er vertraut auf die Ehrlichkeit seiner Mitbürger und auch auf jene der Touristen. Und scheinbar bewährt sich das Geschäft mit diesen „unbemannten" Ständen, sonst gäbe es wohl kaum so viele Stände in der Region um Harboøre und auch generell in den ländlichen Gebieten Dänemarks.

Vom Wesen her sind die Dänen zudem ein äußerst lustiges Völkchen. Sie haben immer einen witzigen Spruch auf Lager, führen angeregt ironische Unterhaltungen und lieben vor allem den schwarzen Humor. Doch auch wenn ein Däne seinen Gesprächspartner gerne mal „auf die Schippe nimmt", wird im ganzen Land sehr viel Wert auf Höflichkeit und Dankbarkeit gelegt. Wenn Sie einmal im

Supermarkt einkaufen, am Hafen oder in einer Einkaufsstraße spazieren gehen, werden Sie dies schnell bestätigen können. Lauschen Sie einmal näher den Gesprächen von Einheimischen. Sie werden sehr häufig das Wort „Tak" hören – zu Deutsch „Danke". Die Dänen bedanken sich für jede Kleinigkeit und können durchaus auch etwas schlecht gestimmt sein, wenn Sie in entsprechenden Situationen kein „Tak" erwidert bekommen. Wenn Sie also im Supermarkt oder an anderen Orten einkaufen, bedanken Sie sich stets beim Verlassen der Ortschaft – damit entlocken Sie den Verkäufern eigentlich immer ein Lächeln.

Während des Deutschen liebstes Fortbewegungsmittel nach wie vor das Auto ist, liebt man in Dänemark das Fahrradfahren. Natürlich fahren die Dänen auch gerne Auto, zum Fahrrad pflegen sie aber eine ganz besondere Beziehung. Gerade weil in den ländlichen Gegenden nicht ein derartiger Verkehr wie beispielsweise bei uns in Großstädten herrscht, macht das Fahrradfahren hier richtig Spaß. Selbst in größeren Städten wie Kopenhagen wird vermehrt das Rad genutzt. Den Grundstein dafür hat die dänische Regierung gelegt. Die Fahrradwege sind gar nicht mit unseren zu vergleichen. Anstatt eines schmalen Pfades am rechten Fahrbahnrand sind sie derart ausgebaut, dass sie genauso breit sind wie die Straßen. Zudem gibt es für die Fahrradfahrer durchweg ein eigenes Ampelsystem. Zwar werden Sie in der ländlichen Gegend um Harboøre nicht ein solch ausgebautes Fahrradsystem finden, jedoch werden Sie bemerken, dass es auch hier wirklich überall separate und zum Teil auch von der Straße abgetrennte Radwege gibt. Auch einige Freizeitaktivitäten sind speziell für das Fahrradfahren ausgelegt.

Vielleicht haben Sie in den Nachrichten schon einmal gehört, dass Dänemark besonders kinderfreundlich ist. Egal wo Sie in Ihrem Urlaub hingehen, es gibt nahezu an jedem Ort – sei es in Restaurants oder auch in Einkaufszentren – schön ausgestaltete Spielecken für Kinder. Anders als in Deutschland, gibt es in Dänemark keinen Mangel an Betreuungsmöglichkeiten und die Dänen legen, wie bereits erwähnt, großen Wert darauf, pünktlich in den Feierabend zu gehen, um genügend Zeit für ihre Kinder zu haben. Eine Sache ist im Vergleich zu Deutschland jedoch von Grund auf verschieden: Die Elternzeit. Während bei uns die Elternzeit bis zu drei Jahre andauern kann, stehen einer dänischen Mutter zwei Wochen vor und 14 Wochen nach der Geburt zu. Daneben stehen dänischen Eltern noch 32 Wochen Elternzeit zur Verfügung, die sie sich zwischen der 14. Lebenswoche und dem

neunten Lebensjahr des Kindes frei einteilen können. Als Elterngeld erhalten dänische Eltern übrigens Krankengeld. In Dänemark ist es also eher die
Regel, dass die Mutter dreieinhalb Monate nach der
Geburt wieder arbeiten geht. Da die Dänen, wie bereits erwähnt, großen Wert auf Geselligkeit legen,
ist es für sie ganz normal, ihr noch so junges Kind
schon in einer „Krybbe" betreuen zu lassen.
Dadurch sind die Kinder schon früh in Gesellschaft
und können soziale Kontakte knüpfen.

Die meisten Deutschen reisen für Ihren Urlaub
gerne ins Ausland. Das ist bei den Dänen anders:
Sie machen am liebsten Urlaub Zuhause im eigenen Land. So hat nahezu jeder Däne, vor allem,
wenn er nicht in küstennahen Regionen wohnt, ein
eigenes Ferienhaus, in dem er regelmäßig seine
Wochenenden und Urlaube verbringt. Auch das Ferienhaus, in dem Sie Ihren Urlaub verbringen werden, gehört mit großer Wahrscheinlichkeit einer
dänischen Familie. Das Haus wird durch den Un-
terkunftsanbieter, bei dem Sie es buchen, lediglich
für die Vermietung verwaltet.

1.3. DIE DÄNISCHE SPRACHE – EIN KLEINER CRASH-KURS

Wenn Sie nach Dänemark reisen, sollten Sie zumindest einige Fakten über die Sprache des Landes kennen. Vielleicht haben Sie schon einmal das Sprichwort „Englisch ist typisch dänisch" gehört. In der Tat spielt Englisch in der dänischen Sprache, vor allem seit 1945, eine bedeutende Rolle. Viele Begriffe existieren im Dänischen nicht, sondern basieren auf Anglizismen, also auf Entlehnungen aus der englischen Sprache. So wird beispielsweise das Wochenende schlicht „Weekend" genannt und das Feuerzeug wird zum „Lighter". Lediglich die Aussprache unterscheidet sich dabei meist vom Englischen. Interessant zu wissen ist dabei auch der Umstand, dass Filme aus Hollywood noch nicht einmal in die dänische Sprache synchronisiert werden. Die Dänen schauen also die großen Kinoklassiker nicht etwa in ihrer eigenen Sprache, sondern auf Englisch. Dementsprechend ist auch davon auszugehen, dass der englische Einfluss auf das Dänische immer mehr zunimmt.

Doch das war nicht immer so. Seit dem Mittelalter, bis ins 20. Jahrhundert hinein, wurde die Sprache der Dänen nämlich stark von unserer Sprache, dem

Deutschen, geprägt. Im Mittelalter war dies vor allem das Niederdeutsche. Noch heute beinhaltet das Dänische rund ein Viertel an Wörtern, die dem Niederdeutschen direkt entlehnt sind. Doch auch das Hochdeutsche war für Dänemark nicht fremd. Es war bis ins 19. Jahrhundert hinein die Sprache des dänischen Adels und wurde demnach vor allem am dänischen Hof gesprochen. Auch aus diesem Grund verstehen uns die Dänen häufig – sofern wir nicht in einem Dialekt mit ihnen sprechen –, ohne speziell Deutsch gelernt zu haben. Auch wenn die dänische Sprache heute zunehmend vom Englischen beeinflusst wird, sind auch deutsche Prägungen (noch) nicht zur Seltenheit geworden. Sie werden sehen, dass Ihnen in Ihrem Urlaub immer wieder Begriffe begegnen werden, die unserer Sprache sehr ähnlich sind. Wenn Sie beispielsweise vor den Türen des Supermarktes ein Schild mit der Aufschrift „alle dage" sehen, bedeutet dies nichts anderes, als dass der Supermarkt an „allen Tagen" – also von Montag bis Sonntag – geöffnet ist.

Das Alphabet der dänischen Sprache unterscheidet sich gar nicht so stark von unserem, es gibt aber dennoch Besonderheiten. Zunächst einmal gibt es auch hier alle Buchstaben von A bis Z so, wie auch wir sie kennen. Das „scharfe S" jedoch – „ß" – ist den Dänen fremd. Während wir daneben die

Umlaute „ä", „ö" und „ü" nutzen, die im Dänischen nicht existieren, haben die Dänen drei für uns unbekannte Sonderzeichen, die Ihnen in Ihrem Urlaub des Öfteren, beispielsweise auf Verkehrsschildern, begegnen werden. Das ist zum einen das „ø", welches Sie wohl am häufigsten sehen werden, so schon im Namen Ihres Urlaubsortes – Harboøre. Ausgesprochen wird dieses Sonderzeichen wie unser deutsches „ö". Vielleicht wundern Sie sich in Bezug auf den Namen Ihres Urlaubsortes über die Anreihung von „o" und „ø" und fragen sich, wie das wohl ausgesprochen wird. Sie sprechen das „o" nur ganz kurz aus und konzentrieren sich auf das „ø", welches deutlich länger gezogen wird. Im Übrigen wird das „e" nicht ausgesprochen. Die Aussprache sieht also in etwa so aus: „HarboÖr". Wenn Sie schnell sprechen, sollte das „o" kaum zu hören sein. Ein weiteres Sonderzeichen ist das „æ", welches übrigens in ähnlicher Weise auch in unserer Sprache zu mittelalterlicher Zeit existierte, als es noch keine Umlaute gab. Dementsprechend wird diese Verbindung von „a" und „e" – man spricht in Fachkreisen von Ligatur – auch wie unser „ä" ausgesprochen. Zuletzt gibt es noch das „å", welches nicht so einfach mit einem Buchstaben beziehungsweise Umlaut des Deutschen verglichen werden kann. Es kann als Mischung zwischen „a" und „o" angesehen werden. Dabei geht die Tendenz umso mehr zu „o", je länger die Silbe ist. Handelt es sich beispielsweise um eine kurze Silbe, wird „å" ähnlich ausgesprochen wie das „o" in „Osten". Liegt eine längere Silbe vor, wird es ähnlich wie das „o" in „Ostern" gesprochen. Bei dieser Form von „å" wird das „o" also sozusagen langgezogen ausgesprochen. Übrigens hat „å" im Zuge der Rechtschreibreform im Jahre 1948 das bis dahin verwendete Doppel-A abgelöst. Dieses Doppel-A finden Sie zum Beispiel noch in einigen beibehaltenen Ortsnamen wie Aarhus oder Aalborg. Nach neuer Rechtschreibreform wären hier eigentlich Århus und Ålborg – beides übrigens ähnlich wie das „o" in „Osten" ausgesprochen – richtig.

Eine weitere Besonderheit in der dänischen Sprache ist es, dass nahezu alles kleingeschrieben wird. Zu den Ausnahmen gehören nur Anredeformen – wobei diese ohnehin nur noch sehr selten verwendet werden, da man sich in Dänemark in der Regel duzt – und Eigennamen. Mit Eigennamen, die aus mehreren Wörtern bestehen, verhält es sich im Unterschied zur deutschen Sprache übrigens so, dass jedes der Wörter mit einem Großbuchstaben beginnt. Beispielsweise würde man den Eigennamen „Verein für politische Bildung" nach dänischen Regeln „Verein Für Politische Bildung" schreiben. *Tipp!*

Bevor Sie Ihren Urlaub antreten, sollten Sie sich unbedingt einen dänischen Grundwortschatz aneignen, jedoch nicht etwa, weil Sie von den Dänen sonst nicht verstanden werden. Im Gegenteil, vor allem in den Urlaubsgebieten verstehen und sprechen die Dänen durchaus die deutsche Sprache. Vielmehr sollten Sie einmal versuchen, mit einem Dänen dänisch zu sprechen. Da die Dänen so stolz auf ihre Heimat sind, freuen Sie sich, wenn ausländische Urlauber Interesse an ihrer Kultur und ihrer Sprache zeigen. Bestellen Sie doch in der Bäckerei einmal auf Dänisch. Sie werden sehen, dass Sie den Verkäufern damit sofort ein Lächeln ins Gesicht zaubern.

Dänemark gehört, mit Norwegen und Schweden, zu den skandinavischen Ländern. Sicherlich haben Sie sich schon einmal gefragt, ob es auch sprachliche Gemeinsamkeiten zwischen diesen nordischen Ländern gibt. Das trifft in der Tat stärker zu, als Sie vielleicht dachten. Wer eine der drei Sprachen spricht, kann die anderen beiden Sprachen zwar nicht unbedingt sprechen, aber zu großen Teilen zumindest verstehen. Dabei nimmt das Dänische im Gegensatz zu der norwegischen und schwedischen Sprache eine besondere Stellung ein. Die größte Schwierigkeit beim Verstehen der dänischen Sprache – und natürlich auch beim Sprechen für Nicht-Muttersprachler – ist nämlich die Aussprache. Die Dänen haben eine sehr außergewöhnliche Aussprache, die kaum ihrer Schriftsprache gleicht. Ein Wort wird oft nicht so ausgesprochen, wie es geschrieben wird. Daher ist es auch für Norweger und Schweden nicht immer leicht, die Dänen zu verstehen. Dänische Muttersprachler neigen beispielsweise dazu, beim Sprechen Endungen nahezu zu verschlucken – denken Sie an das „e" in Harboøre – oder Konsonanten dann abzuschwächen, wenn sie erheblich zum Verständnis beitragen würden. Oft wird ihnen nachgesagt, dass sie „stockend" oder „holprig" sprechen. Um als Norweger oder Schwede die Dänen zu verstehen, ist also Konzentration gefragt. Das Norwegische und das Schwedische sind sich in Bezug auf die Aussprache viel ähnlicher. Schaut man jedoch auf die Schriftsprache allein, so besteht eine viel größere Ähnlichkeit zwischen der dänischen und der norwegischen Sprache – insbesondere hinsichtlich des

Wortschatzes – als zwischen Norwegisch und Schwedisch. Sie sehen also, dass es zwischen allen skandinavischen Sprachen sowohl Gemeinsamkeiten als auch Unterschiede gibt, dass sie aber insgesamt miteinander verwandt sind.

Da Sie in Kapitel 2 einen Überblick über die Geschichte von Dänemark erhalten haben, ahnen Sie wahrscheinlich bereits, wo diese Verwandtschaft ihren Ursprung hat. Während die Vorfahren der Dänen aus dem südlichen Schweden in das heutige Dänemark immigriert sind, haben sie natürlich auch ihre Sprache „mitgenommen". Durch den fortwährenden Ausbau des dänischen Gebietes, und durch die immer wiederkehrenden Auseinandersetzungen über verschiedenste Gebietsherrschaften, waren die Dänen, Norweger und Schweden in ständigem Kontakt. Als Ergebnis hat sich das Altnordische herausgebildet, das auch als Wikingersprache bezeichnet wird. Über Jahrhunderte hinweg haben sich daraus dann gebietsabhängige Sprachen entwickelt, eben so, wie wir sie heute in den nordischen Ländern vorfinden. In Bezug auf das Dänische, das Norwegische und das Schwedische vertreten viele Forscher sogar die Auffassung, dass es sich lediglich um Dialekte handelt, um Dialekte der nordischen Sprache.

Vielleicht fragen Sie sich an dieser Stelle, warum hier Finnland außen vor gelassen wird, gehört es doch nach verbreiteter Auffassung ebenfalls zu Skandinavien. Geografisch gesehen stimmt das natürlich, jedoch ist das mit der einzige Aspekt, der Finnland zu den nordischen Ländern zählt. Aus sprachgeschichtlicher Perspektive hat Finnland nämlich in keinster Weise Gemeinsamkeiten mit Dänemark, Norwegen oder Schweden. Während letztere nämlich der germanischen – genauer der nordgermanischen – Sprachfamilie angehören, ist Finnisch eine finno-ugrische Sprache. Damit ist es nicht mit den nordischen, sondern unter anderem mit der estnischen oder der ungarischen Sprache verwandt.

1.4. KULINARISCHES DÄNEMARK

Wie wir Deutschen lieben auch die Dänen gutes Essen. Ihr Geschmack unterscheidet sich gar nicht so sehr von unseren Essgewohnheiten. Die Hauptmahlzeit der Dänen ist in der Regel das Abendessen – „Aftensmad" –, wobei meist deftig gekocht wird. Das klassische Nationalgericht ist „Flæskesteg", ein leckerer Schweinebraten. Serviert wird er typischerweise mit Petersiliensauce, Senf und roter

Bete. Aber auch mit Kartoffeln und dunkler Sauce – ähnlich wie bei uns – wird der Schweinebraten häufig verzehrt. Vor allem an Festtagen wie Weihnachten steht dieses Gericht auf Platz eins. Daneben lieben die Dänen vor allem in Küstennähe natürlich auch alle möglichen Fischgerichte, sei es die klassische Scholle, Seelachs, eingelegter Hering, Krabben oder Garnelen. Als Beilagen findet man hier meist Pommes, Salat und verschiedene Dips. Im Großen und Ganzen essen die Dänen eigentlich ganz ähnliche Dinge wie wir. Beliebte Gerichte sind auch Pizza oder Steak. Fast-Food ist in Dänemark zwar nicht so populär wie hier, aber auch nicht völlig fremd.

Das Mittagessen – „Frokost" – besteht meist aus einer kalten Mahlzeit und gilt eher als Snack für zwischendurch. Beliebt ist hier der typisch dänische Hotdog „Rød pølse", zu Deutsch „rote Wurst", wobei der Name bereits auf das Besondere hinweist: Die Wurst des typisch dänischen Hotdogs wird mit Lebensmittelfarbe in ein leuchtendes Rot eingefärbt, was wohl nicht zuletzt eine Anspielung auf die dänische Nationalflagge darstellen soll. In einem Brötchen wird die „Rød pølse" typischerweise mit gerösteten Zwiebeln, sauren Gurken, Mayonnaise und Ketchup serviert. Den klassischen dänischen Hotdog können Sie entweder an einem der vielen Imbissstände genießen oder im Kühlregal der Supermärkte zur Selbstzubereitung finden.

Das Frühstück – „Morgensmad" – darf sowohl deftig als auch süß sein. Meist bildet die Basis für das Frühstück das sogenannte „Smørrebrød". Dieses dänische Butterbrot lässt sich jedoch kaum mit dem uns bekannten vergleichen. Während wir klassisch zu hellem Mischbrot greifen, ist in Dänemark Schwarzbrot typisch und es wird viel reichhaltiger belegt als hierzulande. Das Brot wird typischerweise mit gesalzener Butter bestrichen und dann nach Belieben und üppig belegt. Für den Belag wird gerne Käse und/oder auch Marmelade verwendet, aber auch Speck, Leberpastete, kombiniert mit diversen Gemüsesorten und sogar Kaviar und/oder Krabben. Dem Belegen sind hier keine Grenzen gesetzt. Übrigens wird das „Smørrebrød" nicht nur zum Frühstück verzerrt, sondern auch zum Mittagessen oder generell als Snack für zwischendurch. Die Dänen lieben einfach ihr „Smørrebrød". *Tipp!*

Natürlich essen die Dänen neben ihrem „Smørrebrød" auch Brötchen. Während Ihres

Urlaubs sollten Sie unbedingt frische Brötchen aus einer dänischen Bäckerei probieren. Sie sind einfach köstlich und viel größer als unsere Brötchen. Sie werden zugeben, dass Sie hierzulande noch nie solche leckeren Brötchen gegessen haben.

Auch in Sachen Getränke ist Dänemark kein unbekanntes Land. Sicherlich haben Sie im Bierregal schon einmal „Carlsberg" gesichtet oder sogar schon einmal getrunken. Die Brauerei dieses Bieres hat ihren Sitz in Kopenhagen und ist der viertgrößte Brauereibetrieb der Welt. Hier wird auch das ebenfalls sehr bekannte dänische Bier „Tuborg" hergestellt, welches Sie nicht selten auch in Deutschland in Supermärkten finden. Allerdings hat das „deutsche" Tuborg nicht die ursprüngliche dänische Rezeptur, da es in Hamburg gebraut wird. Das klassische Tuborg zeichnet sich durch einen wenig herben, sogar leicht süßlichen Geschmack aus und ist in Dänemark sehr beliebt. Eine weitere dänische Spezialität ist „Akvavit", eine mit Kümmel versetzte, klare oder goldgelbe Spirituose. Getrunken wird sie oft nach deftigen Speisen und vor allem nach Fischgerichten.

Zuletzt fahren die Dänen ungemein auf Süßigkeiten und süßes Gebäck ab. Auch deftige Speisen werden nicht selten gesüßt. Bei dänischem Gebäck – insbesondere bei süßen Teilchen aus der Bäckerei – sollten Sie beachten, dass diese meist noch einmal eine Stufe süßer sind als bei uns. Bekannt und beliebt ist die „Høj Snegl", die Sie unbedingt probieren sollten. Man könnte sie mit unserer Zimtschnecke vergleichen, nur dass sie etwas „höher" ist, in Honig getränkt wird und zusätzlich noch mit viel Zuckerguss überzogen ist. Gefüllt ist sie meist mit Nougat, manchmal auch mit Vanillepudding. Extrem süß, aber sehr lecker!

An dieser Stelle soll noch ein lustiger Brauch der Dänen erwähnt werden. Feiert ein Däne beispielsweise Geburtstag und möchte die Feier langsam, aber sicher beenden, serviert er zu später Stunde – ob um Mitternacht oder um drei Uhr in der Frühe – noch einmal eine Speise beziehungsweise einen Snack. Die Gäste wissen dann, dass der Gastgeber die Feier beenden möchte, essen noch eine Kleinigkeit und machen sich dann auf den Nachhauseweg. Eigentlich ein netter Weg, seinen Gästen zum Verständnis zu geben, dass man jetzt müde ist und gerne schlafen gehen würde, finden Sie nicht?

2. Gebiete und Unterkünfte

Der typische Urlaub in Dänemark wird im angemieteten Ferienhaus verbracht. In nahezu allen Gebieten an den dänischen Küsten gibt es ganze Ferienhaus-Siedlungen, die sowohl von Touristen als aber auch von Einheimischen nicht nur im Sommer, sondern das ganze Jahr über bewohnt werden. So auch im Ort Harboøre, der sichtlich vom Tourismus lebt. Hier gibt es die Feriengebiete Langerhuse, Vrist und Vejlby. Abseits der Feriendörfer wirkt Harboøre – abgesehen von seinen wenigen Geschäften – eher verschlafen und in den Wohngegenden bekommt man kaum jemanden zu Gesicht.

2.1. HARBOØRES FERIENGEBIETE

Langerhuse ist der nördlichste Urlaubsort von Harboøre. Das Besondere an diesem Gebiet ist seine Lage auf einer Landzunge direkt zwischen der Nordseeküste und dem Limfjord. Bei einem Spaziergang auf den

Dünen können Sie hier in alle Richtungen einen tollen Ausblick genießen. Interessant ist der Umstand, dass allein in den letzten 100 Jahren rund 200 Meter des Strandes vom Meer überspült wurden. Um zu verhindern, dass immer mehr Land unter Wasser gerät, hat die dänische Regierung Gegenmaßnahmen in Form von Wellenbrechern aus Beton und Granit eingeleitet. *Gut zu wissen!*

Der Limfjord ist eine Meeresstraße, die von der Westküste Dänemarks bis zur Ostküste reicht und schließlich in den „Kattegat" mündet. Der „Kattegat" ist das Meeresgebiet zwischen Dänemark und Schweden nördlich der Ostsee. Während der Limfjord im Westen wesentlich breiter ist und sogar einige Inseln beherbergt, verläuft er in Richtung Osten eher wie ein Fluss.

Im Süden grenzt Langerhuse direkt an den Ferienort Vrist, zuweilen auch Vrist-Strand genannt. Hier finden Sie einen breiten weißen Sandstrand, an dem Sie baden und stundenlang verweilen können. Zusammen mit dem Strand in Vejlby zählt er zu den schönsten Stränden der Nordsee. Das

Besondere an Vrist ist das Freizeitzentrum „Mollerupgård Lys", welches sich direkt in der Ferienhaus-Siedlung befindet. Hier können Sie Minigolf auf einer schön hergerichteten Anlage spielen, wo ein kleiner angelegter Bach direkt durch die mit Kunstrasen ausgelegten Spielbahnen verläuft. An die Minigolf-Anlage grenzt eine große Fläche, auf der Sie Fußball-Golf spielen können. Das Spielprinzip ist eigentlich dasselbe, jedoch müssen Sie hier statt des kleinen Golfballes einen Fußball per Schuss in die vorgesehenen Löcher bringen. Ungewöhnlich, aber wirklich lustig. Wenn Sie planen, mehrere Stunden im Freizeitzentrum zu bleiben, können Sie hier auch picknicken oder einen der vorhandenen Grills nutzen.

Südlich von Vrist liegt schließlich das Urlaubsgebiet Vejlby. Vejlby wird oft mit Vejlby-Klit gleichgesetzt. Letzteres bezieht sich dabei aber eigentlich nur auf jenes Gebiet, das sich direkt „in den Dünen" befindet – „Klit" bedeutet übersetzt „Dünen". Hier gibt es nämlich Ferienhäuser, die direkt auf den Dünen gebaut wurden und von denen man somit einen tollen Meerblick genießen kann. Das Besondere an Vejlby ist, dass es im Süden an den „Ferring Sø" grenzt. Teile des Feriengebietes liegen sogar auf einem schmalen Landstreifen direkt zwischen diesem See und der Nordsee und an der schmalsten Stelle trennen den See nur rund 150 m von der Nordsee. Damit eignet sich auch dieses Gebiet hervorragend für Spaziergänge oder Wandertouren, da Sie einen tollen Ausblick sowohl auf das Meer als auch auf den See und die umliegende Landschaft haben.

Sowohl in Vrist als auch in Vejlby befindet sich jeweils ein kleiner Supermarkt, in dem Sie neben einer kleinen Auswahl an Lebensmitteln zum Beispiel auch diverse Freizeitutensilien wie Tennisschläger, Angeln, Badeschuhe, Zeitungen oder Souvenirs erhalten. Des Weiteren kann man dort Brötchen und Gebäck fürs Frühstück kaufen. Im Zentrum von Harboøre, welches man in etwa 10 Autominuten erreicht, befinden sich außerdem ein „Aldi Nord" sowie ein dänischer Supermarkt mit mehr Auswahl. *Tipp!*

Die meisten Strandzugänge über die Dünen sind recht steil und beschwerlich zu überqueren. Wenn Sie damit Probleme haben, sollte die Wahl Ihres Ferienortes auf Vejlby fallen: Hier gibt es einen flachen und gepflasterten Zugang zum Strand, den „handicapsti". Dieser eignet sich im Übrigen auch für Rollstuhlfahrer, die auf dem höchsten Punkt der

Düne auf einer Art Aussichtsplattform mit
Tisch und Bänken verweilen können.

2.2. „HYGGELIGE" FERI-
ENHÄUSER – AUSSTAT-
TUNG UND KOSTEN

Ihren Urlaub verbringen Sie also im angemieteten
Ferienhaus. Zu so ziemlich jedem Ferienhaus gehört, ein meist mit Büschen abgetrennter, Garten
mit gepflegtem Rasen – wenn Sie möchten auch
mit Sandkasten oder Schaukel. Jedes einzelne Haus
ist individuell aufgeteilt und eingerichtet. Sowohl
der Außen- als auch der Innenbereich der Ferienhäuser spiegeln das dänische Lebensgefühl wider.
Sie sind meist – ganz im nordischen Stil – aus Holz
gebaut, es gibt aber vereinzelt auch massive Häuser
aus Stein. Bei mindestens jedem zweiten Ferienhaus lässt sich im Außenbereich, ob an einem Fahnenmast oder als Aufkleber auf dem Briefkasten,
wie erwartet die dänische Flagge finden. Übrigens
eignet sich Dänemark auch als der perfekte Ort für
einen Urlaub mit Hund, denn überall, sowohl in
den Ferienhäusern als auch am Strand und in Frei-
zeitzentren, sind Hunde herzlich willkommen.
Die Größe der Ferienhäuser reicht von winzig bis
riesengroß. So gibt es Häuser für lediglich zwei

Personen – diese sind aber wirklich sehr klein –, aber auch Ferienhäuser für bis zu 30 Personen, wobei sich die größten natürlich eher für eine Gruppenreise eignen. Die Einrichtung der Ferienhäuser ist ebenso vielfältig. Sie reicht von schlicht und rustikal über typisch nordisch bis hin zu modern. Da Sie beim Buchen zahlreiche Bilder der Ferienhäuser betrachten können, können Sie sich also Ihr Haus ganz individuell nach Ihren Wünschen aussuchen. Dabei können Sie auch die Nähe zum Strand, die Anzahl der Schlafzimmer, die Aussicht, den Zustand des Hauses und vieles mehr per Filter auswählen. Zur Grundausstattung zählen stets ein Wohnzimmer, eine Küche mit Essbereich, je nach Größe des Hauses ein oder mehrere Badezimmer, ein Zimmer mit Waschmaschine(n), die entsprechende Anzahl an Schlafzimmern sowie ein Internetanschluss mit WLAN und ein Fernseher mit deutschen Fernsehprogrammen. Zum Inventar jedes Hauses gehört ebenfalls ein Grill. Meist besitzen die Häuser auch Terrassen, teilweise überdacht und oft auch extra eingezäunt. Zudem sind viele Ferienhäuser mit einem Whirlpool und einer Sauna ausgestattet. Im Wohnzimmer steht meist ein Kamin für kühlere Tage und für den Winter.

Die Küche ist mit Herd, Kühlschrank, Spülmaschine, Kaffeemaschine, Wasserkocher,

Mikrowelle, Geschirr und diversen Töpfen voll ausgestattet. Während des Urlaubs im Ferienhaus versorgen sich viele Urlauber nämlich selbst. Dies ist aber kein Muss: Es gibt zahlreiche Restaurants in und um Harboøre, sodass Sie nicht gezwungen sind, in Ihrem Urlaub selbst zu kochen. Ob also Selbstversorgung oder auswärts essen (oder bestellen): Beides ist möglich und entgegen der verbreiteten Auffassung kostet ein Restaurantbesuch nicht wesentlich mehr als bei uns in Deutschland.

Tipp!

Sie sollten in jedem Fall während Ihres Urlaubs einmal eine Pizza im „Café John Wayne" in Vejlby essen. Es ist wohl die beste Pizza Dänemarks (wenn nicht sogar der Welt), obwohl sich das Restaurant eigentlich auf Steakgerichte spezialisiert hat. Die Steaks sind im Übrigen ebenfalls erstklassig, haben jedoch auch einen stolzen Preis. Hier werden auch regelmäßig Grillabende mit Livemusik veranstaltet.

Da Dänemark zu den nordischen Ländern gehört und an der Küste liegt, müssen Sie natürlich – ähnlich wie an der deutschen Nordsee – auch einmal mit einem regnerischen Tag rechnen. Für solche Tage können Sie natürlich Museumsbesuche oder Ähnliches einplanen. Viel besser wäre aber doch – wenn Sie schon nicht im Meer baden können – ein hauseigener Pool, in dem Sie jederzeit nach Lust und Laune ein paar Runden schwimmen könnten. Das ist in Dänemark möglich, ohne ein halbes Vermögen dafür zu bezahlen. Viele Ferienhäuser haben einen Pool, der regelmäßig auf Wasserqualität kontrolliert und gesäubert wird. Die zusätzlich entstehenden Wasser- und Stromkosten sind dabei wirklich überschaubar.

Im Vergleich zur Nordseeküste in Deutschland können Sie in Dänemark wirklich einen kostengünstigen Urlaub verbringen. Allein durch die Tatsache, dass es in Dänemark keine Kurtaxe gibt, können Sie schon einiges an Geld sparen und dieses stattdessen für Lebensmittel, Restaurantbesuche und sonstige Aktivitäten verwenden. Natürlich bedeutet das auch, dass der Strand nicht regelmäßig gereinigt wird – wobei an den Stränden nur selten Abfall oder Ähnliches vorzufinden ist, es sei denn, dass Meer spült etwas an – und dass es hier auch keine Strandkörbe gibt. Dafür können Sie aber am Strand machen, was Sie möchten und nach Belieben mit Ihrem Hund im Wasser planschen. Außerdem werden Sie aufgrund der Breite des Strandes niemals das typische „Getümmel" wie in manch anderen Ländern ertragen müssen. Viel schöner ist doch ein naturbelassener Strand, der nur von Wind, Wetter und Meer beeinflusst wird.

Die Preise der Ferienhäuser sind natürlich stark von deren Größe abhängig und von dem Zeitraum, in dem Sie buchen. Natürlich ist es in der Hauptsaison von Juli bis August teurer, aber immer noch bezahlbar. Wenn Sie nicht zwingend im Zeitraum der Sommerferien Urlaub machen müssen, empfiehlt es sich, beispielsweise im Juni oder Ende August zu buchen. Im Herbst und Winter bekommen Sie viele Ferienhäuser sogar fast „geschenkt". Für eine Woche in einem Ferienhaus für bis zu 10 Personen zahlen Sie beispielsweise in der Hauptsaison rund 850 Euro, während Sie Ende August das gleiche Haus für nur circa 460 Euro anmieten könnten. Entscheiden Sie sich für ein Haus mit Pool, das bis zu 10 Personen beherbergen kann, kämen Sie auf etwa 1.400 Euro in der Hauptsaison, Ende August dagegen auf lediglich rund 800 Euro. Letzteres wäre in der Winterzeit sogar für nur etwa 470 Euro anzumieten.[1] Sie sollten auf jeden Fall so früh wie möglich buchen, um sich ein Ferienhaus in der ersten Dünenreihe zu sichern.

---

[1] Alle hier angegebenen Preise sind auf dem Stand von November 2019 und stellen keine garantierten Preise dar.

In den Preisen der Ferienhäuser sind meist – eine Ausnahme bilden die Häuser mit Pool – die Wasserkosten bereits enthalten und lediglich die entstandenen Stromkosten müssen Sie vor Abreise bei Ihrem Anbieter noch entrichten. Sie sehen also – vor allem im Vergleich zu gleichwertigen Angeboten in Deutschland –, dass es möglich ist, sich im Dänemark-Urlaub zu erschwinglichen Preisen viel Luxus zu gönnen.

Tipp!

Die Top 3 Ferienhaus-Anbieter in Harboøre:
1. **SJ Feriehusudlejning**
2. Feriepartner Vejlby Klit
3. DanCenter Vejlby Klit

---

3. Ausflugsziele in und um Harboøre

Wie Sie nun wissen, bietet Harboøre mit seiner Umgebung viel Potenzial, sowohl für Menschen, die die Ruhe suchen, als auch für historisch und kulturell Interessierte, sowie für Naturliebhaber. Im Folgenden werden Ihnen zunächst verschiedene

Aktivitäten im Freien vorgestellt, für welche Sie zudem nur wenig oder gar nichts zahlen müssen. Anschließend erfahren Sie mehr über die Museen und historische Stätten, die Ihr Urlaubsort für Sie bereithält. Im dritten Unterkapitel geht es dann noch um mögliche Ausflugsziele, die etwas entfernter von Harboøre liegen, aber durchaus sehenswert sind.

3.1. AKTIVITÄTEN IN DER NATUR

Das weitläufige, ländliche und naturbelassene Gebiet um Harboøre eignet sich ideal für Rad- und Wandertouren. Eine tolle Option bietet hier das Waldgebiet Klosterheide. Mit mehr als 6.000 Hektar bietet die Klosterheide zahlreiche Möglichkeiten der Freizeitgestaltung. Auf dem Rad oder zu Fuß entdeckt man hier atemberaubende Wasserläufe und außergewöhnliche Tierarten. Sie können auch Beeren oder Pilze sammeln oder Biber beobachten. Genießen Sie einfach die von Bäumen umgebene Atmosphäre.

Eine sehr spannende Strecke für Radfahrer und Wanderer ist der Planetenpfad – „Planetstien" – quer durch den benachbarten Ort Lemvig am Limfjord. Hier machen Sie einen Ausflug durch das

Sonnensystem und entdecken am Pfad entlang mitten in der Natur die verschiedenen Planeten, die als Skulpturen dargestellt sind.

Wenn Sie bereits in Lemvig sind, können Sie auch einen Ausflug an den kleinen Hafen unternehmen. Der östliche Teil des Hafens ist noch heute ein Stützpunkt für die Fischerei. Zudem findet am „Lemvig Havn" auch Gütertransport und -lagerung statt. Direkt am Hafen beginnt die Einkaufsstraße von Lemvig, die zum Bummeln einlädt. Ebenfalls unmittelbar am Hafen gibt es viele Restaurants, in denen Sie unter anderem Fischgerichte mit Blick auf den Hafen genießen können.

Tipp!

Am Hafen in Lemvig sollten Sie unbedingt „Bjarnes Fisk og Fisketeria" besuchen. Dort können Sie an Tischen nur wenige Meter vom Hafen entfernt typisch dänisch zubereitete Fischgerichte genießen. Am besten besuchen Sie das Restaurant entweder vor 12 Uhr oder nach 13 Uhr, damit Sie einen Tisch in erster Reihe bekommen. Sie werden begeistert sein von der Frische und haben einen tollen Ausblick auf den „Lemvig Havn"!

Nicht nur Fahrradfahrer und Wanderer kommen in Harboøres Naturgebieten auf ihre Kosten. Wenn Sie dem Meer noch näher sein möchten, können Sie an mehreren Orten am Limfjord im Rahmen eines Kurses das Kitesurfing erlernen. Lassen Sie sich auf einem Board von einem Lenkdrachen über das Wasser ziehen und sehen Sie Ihren Urlaubsort so aus einer anderen Perspektive. Daneben gibt es auch mehrere Orte für Anglerfreunde. Werfen Sie Ihre Rute aus und halten Sie Ausschau nach den einheimischen Meeresbewohnern wie Hornhechte, Makrelen und Wolfsbarsche.

Auf dem Limfjord können Sie außerdem an einer Robbensafari teilnehmen. In Thyborøn, dem nördlichen Nachbarort von Harboøre, starten Sie mit einem Boot mit Glasboden und fahren zu den Sandbänken. Dort können Sie die neugierigen Robben bestaunen, die nicht selten auch ganz nah am Boot schwimmen. Schätzungen zufolge leben im nordwestlichen Teil des Limfjords übrigens 800 bis 1.000 Robben. Ebenfalls in Thyborøn können Sie an einer Bernsteinsafari teilnehmen. Der Bernstein ist „das Gold des Nordens" und wird in vielen Ländern wie beispielsweise China als sehr wertvoll angesehen. Auf der Bernsteinsafari am Strand von Thyborøn lernen Sie, wann Sie am besten nach Bernsteinen suchen sollten, an welchen Stellen sie sich verstecken und wie Sie erkennen, ob es sich bei Ihrer Beute um echten Bernstein handelt. Jede Bernsteinsafari verspricht übrigens eine Fundgarantie.

3.2. MUSEEN UND HISTORISCHE STÄTTEN

Typischerweise reisen die Touristen mit dem Auto nach Dänemark. Natürlich besteht auch die Möglichkeit, mit Bahn oder Fernbus anzureisen, was insgesamt sicherlich kostengünstiger ist, aber unter Umständen auch länger dauert und einfach umständlicher ist. Das bedeutet aber keinesfalls, dass Sie auch während des Urlaubs auf das Auto angewiesen sind. Die beste Alternative, um von A nach B zu kommen, ist nämlich die Lemvig-Bahn. Ihre Strecke führt insgesamt rund 60 km an der dänischen Westküste entlang. Sowohl in Vrist als auch in Vejlby gibt es jeweils einen kleinen Bahnhof, an dem Sie einsteigen können. Wenn Sie Ihren Urlaub in Langerhuse verbringen, können Sie den Bahnhof etwas weiter entfernt im Zentrum von Harboøre nutzen. In nördliche Fahrtrichtung gelangen Sie bis nach Thyborøn und mit der Bahn in die entgegengesetzte Fahrtrichtung kommen Sie nach Lemvig. Und auch, wenn Sie kein bestimmtes Ziel vor

Augen haben, können Sie einen schönen Nachmittag in der Lemvig-Bahn verbringen. Auf der Fahrt haben Sie eine tolle Aussicht auf die Landschaft in Nordwestjütland und da die Bahn meist in Küstennähe fährt, können Sie auch den Ausblick auf das Meer genießen. Die Strecke zwischen Harboøre und Thyborøn führt sogar direkt über den Limfjord. Die meisten Museen befinden sich in Thyborøn. Wir beginnen mit dem „Kystcentret", einem Erlebniscenter für Jung und Alt. Hier können Sie Naturphänomene hautnah erleben. Begehen Sie den Sinnespfad und lassen Sie sich im Dunkeln von den simulierten Naturgewalten von Meer und Strand überraschen und zum Teil auch erschrecken. Erleben Sie im Wellen-Simulator die Stärke des Meeres und seine gefährlichen Strömungen. Sie erhalten hier auch wichtige Regeln, die Sie beim Baden im Meer unbedingt beachten sollten. Sie können auch in einem Becken, in welchem die Wellen und Strömungen der dänischen Nordsee simuliert werden, versuchen, ein ferngesteuertes Schiff am Hafen anlegen zu lassen. Sie werden sehen, dass dies unter den vorhandenen Bedingungen alles andere als einfach ist. Des Weiteren können Sie Deiche bauen oder in einem speziellen Kino einfach historische Filme über die Region ansehen. Neben den maritimen Naturphänomenen gibt es im Küstencenter auch einen Streichelzoo, allerdings befinden sich dort überwiegend Reptilien und Amphibien, die an der dänischen Westküste Zuhause sind. Wenn Sie diese Tiere mögen, können Sie unter anderem Kreuzottern, Sumpfschildkröten, Nattern und Eidechsen aus nächster Nähe bewundern und sogar anfassen. Für diejenigen, die kein Fan von Reptilien und Amphibien sind, gibt es hier auch Meerschweinchen, Kaninchen und Zwergziegen, die in der Umgebung um Harboøre ebenfalls beheimatet sind.

Unweit des Küstencenters finden Sie das „Jyllandsakvariet", ein Aquarium, in dem Sie den Bewohnern der Nordsee und des Limfjords ganz nah sein können. Hier gibt es eine Vielzahl an Aquarien, in denen Sie den vielen Fischarten beim Schwimmen zusehen können. Daneben gibt es ein Becken mit Haien, Plattfischen, Aalen und Rochen, die Sie berühren und füttern dürfen. In einem anderen Becken gibt es Krabben, die Sie – wenn Sie sich trauen – sogar in der Hand halten können. Zudem gibt es ein Modell eines Pottwals in Echtgröße, sowie einen großen Fischkutter, der begehbar ist. In der kreativen Werkstatt können Sie personalisierte maritime Souvenirs und Accessoires selbst gestalten. Auch Ihr Vierbeiner kann sich hier auf dem Hundespielplatz austoben.

Nur wenige Meter entfernt vom „Jyllandsakvariet" finden Sie ein kleines Bernsteinmuseum, das „Ravhuset". Hier erwartet Sie eine bewundernswerte Sammlung von Bernsteinen in diversen Farben und Größen, die über die Jahre hinweg an den Stränden von Thyborøn über Langerhuse, Vrist und Vejlby bis nach Bovbjerg gesammelt wurden. Besonders von den ausgestellten seltenen Funden werden Sie begeistert sein. Daneben erfahren Sie auch mehr über die Geschichte der Bernsteine und in der Schleiferei können Sie zusehen, wie Bernsteine beispielsweise zu Schmuck oder zu Figuren weiterverarbeitet werden.

Unmittelbar gegenüber von Jütlands Aquarium und neben dem Küstencenter befindet sich das wohl spannendste Museum der Region, das „Sea War Museum", welches bei historisch Interessierten keine Wünsche offen lässt. Dieses Museum hat sich auf die Zeit des Ersten Weltkriegs spezialisiert. Wie Sie bereits wissen, blieb Dänemark im Ersten Weltkrieg neutral, jedoch ereignete sich im Jahr 1916, nur 100 Kilometer vor der Westküste, die „Schlacht von Jütland", die als größte Seeschlacht der gesamten Weltgeschichte gilt. In dieser 24 Stunden andauernden Schlacht, in der sich Großbritannien und Deutschland gegenüberstanden, waren rund 100.000 Soldaten auf etwa 250

Schiffen involviert. Rund 9.000 Soldaten kamen ums Leben und 25 Schiffe sanken auf den Meeresgrund. Viele Augenzeugen berichteten, dass die Schlacht bis an die Westküste zu hören war. Das „Sea War Museum" stellt diese Schlacht wirklich sehr detailliert und durchdacht dar. Sie finden zahlreiche Gegenstände aus den gesunkenen Schiffen, die im Rahmen von Tauchgängen an die Meeresoberfläche zurückgeholt wurden. Auch originale Uniformen, die auf dem Grund des Meeres gefunden wurden, können Sie hier betrachten. Weiterhin werden alle 250 an der Schlacht beteiligten Schiffe anhand von originalgetreuen Modellschiffen gezeigt. Das Museum beschäftigt sich allerdings nicht nur mit der Schlacht auf dem jütländischen Gewässer, sondern auch mit dem Krieg unterhalb der Meeresoberfläche. So können Sie beispielsweise die originalen Überreste eines britischen U-Boots bestaunen, welches 1916 durch eine Mine außer Gefecht gesetzt wurde und den Tod der gesamten Besatzung zur Folge hatte. Besonders nachdenklich machen auch die Geschichten von ganz persönlichen Schicksalen, die im Museum überall präsent sind. Die wohl bewegendste Geschichte ist die eines deutschen Luftschiffs, welches in der Nordsee notlanden musste. Obwohl ein Fischerboot an den Verunglückten vorbeigefahren ist, wurden Sie nicht gerettet, da es sich um britische Fischer handelte. Die deutsche Besatzung wusste damit, dass ihr Schicksal besiegelt ist. Einige von ihnen schrieben Abschiedsbriefe an ihre Liebsten, die sie per Flaschenpost ins Meer warfen und welche später tatsächlich ihre Empfänger erreichten. Beschäftigen Sie sich mit einigen dieser Briefe und lassen Sie sich von den vielen weiteren Einzelschicksalen nachdenklich stimmen.

Zum Seekriegsmuseum gehört auch der „Jütland Memorial Park", eine Gedenkstätte für die britischen und deutschen Soldaten, die in der Jütland-Schlacht ihr Leben verloren. Hier befinden sich 25 Granitblöcke, welche die gesunkenen Schiffe symbolisieren. Daneben wurden bisher rund 300 weiße Statuen errichtet, welche für die Soldaten stehen, die ums Leben gekommen sind. Das Ziel der Gedenkstätte ist es, noch viele weitere weiße Statuen aufzustellen, sodass an jeden Soldaten, der im Ersten Weltkrieg sein Leben opferte, mit einer eigenen Statue erinnert werden kann.

Einige Gehminuten vom „Sea War Museum" entfernt, liegt die „Thyborøn Fæstningen", wo Sie nun in die Zeit des Zweiten Weltkriegs entführt werden. Hier können Sie die Überreste von über 60 Bunkern bestaunen, die die deutsche Wehrmacht ab 1943 an der dänischen Westküste baute. Schauen

Sie sich in den noch begehbaren Bunkern um und erhalten Sie historische Eindrücke. Sie können auch in die Rolle eines Archäologen schlüpfen und dabei helfen, viele der größtenteils versunkenen Bunker freizulegen. Hier gibt es nämlich Schaufeln, die neben einem Schild stehen, mit einer Aufschrift, die zum Helfen der Freilegung einlädt.

Nur wenige Meter von der Festung entfernt befindet sich das „Sneglehuset", ein einzigartiges Haus, das Sie unbedingt gesehen haben sollten. Dieses „Schneckenhaus", das selbstverständlich in der „Sneglevej" – Schneckenstraße – zu finden ist, wurde mit Tausenden von Muscheln und Schneckenhäusern dekoriert. Ob Mauerwerk, Wände oder Möbel – hier besteht alles aus Muscheln und Schneckenhäusern. Im Haus selbst befindet sich ein kleiner Shop, wo Sie maritime Souvenirs bekommen können. Gegenüber lädt ein kleines Café zum Verweilen ein. Das Schneckenhaus strahlt eine solche Anziehungskraft aus, dass sogar schon die dänische Königsfamilie zu Besuch war.

Neben Thyborøn hat auch Lemvig einiges Sehenswertes zu bieten. So den „Hospitalbunkeren", ergänzend zu den Bunkern in Thyborøn, ein durchaus interessantes Exemplar. Der Hospitalbunker wurde ebenfalls während des Zweiten Weltkriegs zwischen 1943 und 1944 errichtet. Ursprünglich sollte

er mit seinen über 20 Räumen als Hospital für ver-
letzte Soldaten dienen, allerdings wurde er nie genutzt. Heutzutage können Sie sich in diesem Bunker eine Ausstellung über die Geschichte des Flug-
platzes in Lemvig ansehen.

Ebenfalls in Lemvig finden Sie das Museum für religiöse Kunst. Hier finden Sie zahlreiche Gemälde
und andere Kunstwerke aus dem 20. und 21. Jahrhundert, in denen unter anderem religiöse Themen
verarbeitet wurden. Im Museumscafé können Sie
bei einem Stück Kuchen die bezaubernde Aussicht
auf Lemvig und den Limfjord genießen.

Etwas umfassender und allgemeiner gehalten ist
die Ausstellung im Lemvig-Museum. Hier erfahren
Sie in großen Räumlichkeiten alles über die Geschichte der Stadt und ihrer Umgebung, sowie über
den Alltag und das Arbeiten der Einheimischen von
der Antike bis zur Gegenwart. Zum Lemvig-Museum gehört auch die „Flyvholm Redningsstation",
eine Rettungsstation, die in der Mitte des 19. Jahrhunderts errichtet wurde und sich in Langerhuse
befindet. Bis in die 1960er Jahre hinein, als die Rettungsstation außer Betrieb gesetzt wurde, konnten
die Rettungskräfte von hier aus mehr als 700 Menschen vor dem Ertrinken retten. Heute dient es als
kleines Museum, dessen Hauptattraktion das große
Rettungsboot „Flyvholm" ist. Daneben können Sie

zahlreiche Ausrüstungsgegenstände aus der aktiven Zeit der Rettungsstation begutachten. Mit Ihrem Smartphone können Sie sich eine spezielle App des Museums herunterladen und anhand von GPS-Daten die Stellen aufspüren, an denen einst Schiffe gestrandet oder gar untergegangen sind. Meist hat jede Strandung beziehungsweise jeder Untergang auch seine ganz eigene Geschichte, mit der Sie sich mittels der App ebenfalls beschäftigen können.

Südlich von Vejlby und dem Ferring Sø liegt der gleichnamige Ort Ferring, ebenfalls ein Urlaubsort, der jedoch nicht mehr zu Harboøre gehört. Häufig wird der Ort auch als Bovbjerg bezeichnet, denn hier steht der „Bovbjerg Fyr", ein Leuchtturm, durch den der Ort sich großer Popularität erfreut. Der Leuchtturm ist noch heute in Betrieb und ein wichtiger Stützpunkt für den Schiffsverkehr vor der dänischen Westküste. Nehmen Sie die lange Wendeltreppe in Kauf und besteigen Sie den Leuchtturm – die Mühe wird sich lohnen, denn von oben haben Sie einen atemberaubenden Ausblick auf die Landschaft und das Meer. Auch den frischen nordischen Wind werden Sie hier besonders spüren. Im Anschluss können Sie direkt am Leuchtturm in einem Café eine Pause einlegen und dort leicht mit Einheimischen in Kontakt treten.

Die Anlage des Leuchtturms wird nämlich von ehrenamtlichen Helfern betrieben, die immer ein offenes Ohr für Touristen haben. Interessant könnte für Sie auch die Ausstellung über den Küstenschutz in den letzten 100 Jahren sein. Wenn Sie schon einmal den Leuchtturm besuchen, sollten Sie auf jeden Fall auch einen Abstecher an die dortige Küste unternehmen, die nur wenige Meter vom Turm entfernt ist. Hier finden Sie nämlich eine einzigartige und beeindruckende Steilküste, welche Sie mittels einer sehr langen Treppe in Richtung Strand überqueren können. Gehen Sie unbedingt diese Treppe hinunter und lassen Sie sich von dem Anblick der Steilküste faszinieren.

Für Kunstinteressierte bietet sich in unmittelbarer Nähe zum Leuchtturm die Möglichkeit, das „Jens Søndergaards Museum" zu besuchen. Søndergaard war ein dänischer Maler des 20. Jahrhunderts, der bis zu seinem Tod in dem Haus wohnte und arbeitete, in welchem sich das Museum befindet. Damit sind die meisten Kunstwerke, die Sie hier betrachten können, auch an diesem Ort entstanden. Søndergaard scheint seine Heimat geliebt zu haben, denn seine Gemälde sind durchweg von der tollen Landschaft Bovbjergs beziehungsweise Ferrings geprägt.

Wie Sie bereits in Kapitel 2 erfahren haben, spielt die christliche Lebensweise in Dänemark bis heute eine wichtige Rolle. Dies erkennt man auch daran, dass sich allein in der Region um Harboøre rund 26 Kirchen befinden. Die Besonderheit an all diesen Kirchen ist, dass sie meist einen gotischen Turm besitzen und ihr Inventar häufig aus verschiedenen Jahrhunderten stammt. So wurde beispielsweise die „Harboøre Kirke" erst im Jahre 1910 errichtet, das meiste Inventar ist jedoch wesentlich älter. Während zum Beispiel der Altar auf das 17. Jahrhundert datiert wird, stammt das Taufbecken bereits aus dem 13. Jahrhundert. Wenn Sie nach oben schauen, entdecken Sie ein beeindruckendes Schiff, das an alle Seefahrer und Seenotretter erinnern soll, die über die Jahrhunderte hinweg vor der dänischen Westküste ums Leben gekommen sind. Auch auf dem angrenzenden Friedhof gibt es Gedenksteine für jene Verunglückten. Sie sehen also, dass die Kirchen mit ihrem Inventar äußerst vielfältig und zum Teil auch außergewöhnlich sind. Wenn Sie also an einer Kirche vorbeikommen, wagen Sie ruhig einmal einen Blick ins Innere.

3.3. WEITERE AKTIVITÄTEN FÜR REGNERISCHE TAGE

Sollte das Wetter einmal nicht mitspielen, müssen Sie sich keinesfalls langweilen. Wenn Sie schon alle für Sie interessanten Museen besichtigt haben oder Sie sich lieber sportlich betätigen möchten, können Sie das Freizeitcenter unmittelbar im Zentrum von Harboøre oder jenes in Lemvig besuchen. Im „Harboøre Centeret" können Sie mithilfe eines Simulators, trotz Regenwetters, Golf spielen. Hier können Sie sich auch den Schauplatz Ihres Golfturniers aussuchen. Wie wäre es zum Beispiel mit Kalifornien oder Schottland? Weiterhin können Sie sich mit Ihrer Familie beim Squash verausgaben oder an einer Vielzahl von kulturellen Veranstaltungen teilnehmen. Besonders für die Kleinen gibt es auch Hüpfburgen und Trampoline und für die etwas Größeren einen Skatepark. Im Sport- und Kulturcenter in Lemvig haben Sie neben ähnlichen sportlichen Aktivitäten auch die Möglichkeit, einen Wellness-Tag zu verbringen. Hier können Sie Ihre Runden schwimmen, in der Therme oder in der Sauna entspannen, im Solarium braun werden oder im Spa-Bad eine Massage genießen.

3.4. SEHENSWERTES AUßERHALB VON HARBOØRE

Auch in benachbarten Regionen von Harboøre gibt es viel zu sehen. Hier wird Ihnen nur eine kleine Auswahl an Ausflugszielen dargestellt, die sich von Harboøre aus gut für einen Tagesausflug eignen.

Etwa 60 Autominuten entfernt befindet sich in Richtung Osten Viborg mit seiner „Mønsted Kalkgruber", die als größte Kalkgrube der Welt gilt. Hier gibt es Minengänge mit einer Länge von insgesamt 60 Kilometern, die Sie zum Teil bewandern können. Während Ihrer Tour können Sie dem Plätschern der Bäche lauschen und die bezaubernden und geheimnisvollen unterirdischen Seen entdecken. Übrigens steht die Kalkmine unter besonderem Naturschutz, da sie eine der wichtigsten Überwinterungsorte für Fledermäuse ist. In einem Kino können Sie mehr über die Geschichte der Grube erfahren.

Östlich von Harboøre erreichen Sie ebenfalls in etwa 60 Autominuten die Burg Spøttrup in Salling. Wohl kaum eine andere mittelalterliche Burg Dänemarks ist so gut erhalten wie diese. Hier werden Sie buchstäblich ein Teil des mittelalterlichen

Lebens, inmitten von Ausstellungen, Märkten und vielen anderen Attraktionen. Lassen Sie sich diesen besonderen Ausflug nicht entgehen und tauchen Sie ein in die Welt des Mittelalters.

Innerhalb von 60 Autominuten erreichen Sie auch „Baboon City" in Herning südöstlich von Harboøre. Mit einer Fläche von über 9.000 Quadratmetern erwartet Sie in diesem Vergnügungscenter ein unvergesslicher Tag voller Spaß und Freude. Entdecken Sie die rund 200 Attraktionen, die das Center für Sie bereithält.

Das Highlight, vor allem für Kinder, ist wohl ein Ausflug ins Legoland Dänemark in Billund, welches übrigens das erste Legoland weltweit war. Von Harboøre aus ist es in etwa 1,5 Stunden Fahrt mit dem Auto zu erreichen. Hier gibt es mehr als 50 abwechslungsreiche Attraktionen und Veranstaltungen, die auch bei Erwachsenen für Erheiterung sorgen. Wussten Sie eigentlich, dass Lego typisch Dänisch ist? Den populären Legostein erfand nämlich ein dänischer Tischlermeister in den 1940er Jahren. Auch der Name verrät seinen dänischen Ursprung, denn er wurde aus dem dänischen „leg godt" abgeleitet, was im Deutschen etwa „Spiel gut" bedeutet.

Zuletzt finden an der gesamten Westküste regelmäßig Volksfeste und Wikingermärkte statt. Hier können Sie mit Einheimischen Kontakte knüpfen oder die Kultur der Wikinger hautnah erleben. Sprechen Sie einfach Ihren Ferienhaus-Anbieter für nähere Informationen über aktuelle Veranstaltungen an.

4. Tipps und Tricks für Ihren Urlaub

In diesem Kapitel sollen Ihnen noch einige hilfreiche Tipps und wissenswerte Fakten an die Hand gegeben werden, damit Sie perfekt auf den Aufenthalt in Dänemark vorbereitet sind und Ihr Urlaub in Harboøre für Sie die beste Zeit des Jahres wird.

Kleidung

Ein typischer Sommertag in Dänemark weist Temperaturen von durchschnittlich 19 Grad, Sonne, Wolken und einen mäßigen Wind auf. Aber lassen Sie sich davon nicht irritieren: So nah an der Küste und am Wasser fühlt sich die Temperatur viel wärmer an und Sie werden auch einmal ins Schwitzen kommen. Insgesamt herrscht ein sehr reines und angenehmes Klima. Trotzdem ist es wichtig, dass Sie nicht nur Sommerkleidung in Ihren Koffer packen. An der rauen Küste sind regnerische und/oder windige Tage keine Seltenheit. Nehmen Sie deshalb vorsichtshalber auch einen Pullover und eine Regenjacke mit – letztere am besten mit Kapuze, um etwas vor dem Wind geschützt zu sein. Um auch an stürmischen Tag das Meer beobachten zu können, ist es zudem hilfreich, wenn Sie sich vor Anreise ein faltbares Zelt anschaffen. In diesem sind Sie dann am Strand sowohl vor starkem Wind als auch vor Regen geschützt. Natürlich können Sie sich ein solches Zelt auch in fast jedem Einkaufs-markt vor Ort besorgen.

Einkaufen

Obwohl in Dänemark die Mehrwertsteuer höher ist als hierzulande – 25 Prozent –, ist es trotz der ver-breiteten Auffassung nicht der Fall, dass alles dop-pelt oder gar dreifach so teuer ist wie bei uns. Viele Dinge kosten genauso viel wie in Deutschland oder sind nur unwesentlich teurer. Es gibt sogar Güter, die in Dänemark günstiger sind als in Deutschland. Natürlich gibt es aber auch Dinge, die Sie in Däne-mark nicht unbedingt kaufen und daher – wenn möglich – schon bei Anreise dabei haben sollten. Dies betrifft vor allem:

- alkoholfreie Getränke wie Wasser
- alkoholische Getränke
- Süßwaren
- Essen bei Fastfood-Ketten
- Tabakprodukte
- Kosmetikartikel
- Sonnenschutz

Übrigens dürfen Sie als deutscher Urlauber maximal zehn Liter Spirituosen, 110 Liter Bier, 800 Zigaretten und 1 Kilogramm Tabak für den persönlichen Gebrauch mit sich über die Grenze führen. Die Preise für Nahrungsmittel wie beispielsweise Äpfel, Kartoffeln, Salat oder Milch sind mit unseren vergleichbar. Schließlich ist auch das Auswärtsessen in Restaurants, wie Sie bereits wissen, im Durchschnitt nicht wesentlich teurer als in Deutschland. Wenn Sie in Dänemark einkaufen gehen, achten Sie auf Schilder wie „Tilbud" – Sonderangebot – und „Udsalg" – Schlussverkauf. Letzteres werden Sie vor allem Ende Juni häufig sehen. In den Eingangsbereichen vieler Supermärkte wird Ihnen vielleicht ein Logo mit der Aufschrift „Se kontrol rapport" auffallen. Dies bedeutet nichts anderes als „Öffentliche Lebensmittelüberwachung", da die Dänen viel Wert auf die Einhaltung diverser Hygienemaßnahmen legen. Übrigens sind im

Internet Listen über die Bewertung nahezu jedes Supermarktes und Restaurants öffentlich einsehbar.

Ein Tipp am Rande: Wenn Sie zwischendurch gerne Paprikachips essen, sollten Sie auch diese lieber aus Deutschland mitbringen. In den Supermärkten Ihres Urlaubsortes werden Sie diese nämlich vergeblich suchen, da hier überwiegend salzige Chips angeboten werden. Alle Supermärkte sind übrigens „alle dage", also von Montag bis Sonntag geöffnet.

Tanken

Wenn Sie sich auf Ihrer Anreise der dänischen Grenze nähern, müssen Sie nicht noch hektisch nach einer deutschen Tankstelle Ausschau halten. Ein Liter Treibstoff ist in Dänemark nämlich nicht teurer als in Deutschland, erfahrungsgemäß kostet das Tanken oft sogar weniger. Sie können also ruhig die Grenze überqueren und erst in Dänemark tanken. Wenn Sie in der ländlichen Region Ihres Urlaubsortes tanken sollten, stellen Sie sich darauf ein, dass die Tankstellen unbemannt sind. Hier ist die Selbstbedienung verbreitet, bei der Sie tanken und anschließend per Automat mit Karte zahlen. Das ist hier ganz normal, Sie werden kaum eine Tankstelle mit Shop finden. Übrigens sollten Sie nicht zwischen 14 und 16 Uhr tanken, denn pünktlich zur Feierabendzeit schießen die Spritpreise in die Höhe.

Währung

Wie Sie bereits wissen, ist die Dänische Krone die offizielle Landeswährung – und das schon seit 1875. Zwar wird in vielen Supermärkten auch die Zahlung mit Euro akzeptiert, für Restaurants, Museen oder Freizeitaktivitäten gilt dies in der Regel jedoch nicht. Auch wenn Sie beispielsweise im Supermarkt mit dem Euro zahlen, fallen dabei immer Wechselgebühren an, die nicht unbedingt niedrig sind. Anfallendes Wechselgeld erhalten Sie dabei übrigens in Kronen. Sie sollten also in jedem Fall Ihren Euro in Dänische Kronen umtauschen. Das sollten Sie allerdings nicht bereits zu Hause bei Ihrer Hausbank machen, da auch hier durchaus ansehnliche Gebühren verlangt werden. Tauschen Sie Ihr Geld lieber bei Ihrem Unterkunfts-Anbieter vor Ort. Hier ist der Tausch gebührenfrei und Sie erhalten zusätzlich zur Orientierung ein kleines Kärtchen mit einer Liste, mit deren Hilfe Sie unterwegs immer von Kronen in Euro umrechnen können. Derzeit entsprechen 7,47 Kronen einem Euro (Stand November 2019). Diese Werte variieren natürlich je nach aktuellem Wechselkurs, meist aber nur minimal. 1 DKK (Dänische Krone) entspricht 100 Øre, wobei es Münzstücke mit den Werten 50 Øre, 1 DKK, 2 DKK, 5 DKK, 10 DKK und 20 DKK gibt. Banknoten existieren mit den Werten 50 DKK, 100 DKK, 200 DKK, 500 DKK und 1.000 DKK. Trotzdem werden Sie in Supermärkten hin und wieder Preisauszeichnungen wie beispielsweise 90,05 DKK oder 90,75 DKK finden. Wie soll man aber diese Preise zahlen, wenn doch die kleinste existierende Münze 50 Øre wert ist? Der Grund für solche „ungeraden" Preise liegt darin, dass es einst unter anderem auch eine 5- und eine 25- Øre-Münze gab. Die Preisauszeichnungen wurden nach deren Abschaffung bis heute einfach nicht angepasst. Deshalb wird an der Kasse auf- beziehungsweise abgerundet. Bei einem Preis von 90,05 DKK zahlen Sie demnach 90 DKK, während es bei 90,75 DKK eben 91 DKK sind. Der Grund für die veralteten Preisauszeichnungen ist ganz simpel: Dänemark möchte nach und nach das Zahlen mit Bargeld abschaffen und schafft deshalb mit dem zwingenden Aufrunden bei entsprechenden Beträgen einen Anreiz, auf die Kartenzahlung umzusteigen. Bei Zahlungen mit Karte entfällt dies nämlich, denn dabei werden die Beträge „auf die Øre genau" abgebucht.

Urlaub mit Hund

Dank des Ratgebers wissen Sie nun, dass Ihr Vierbeiner überall in Dänemark herzlich willkommen ist. Bei der Einreise mit Hund müssen Sie allerdings einige Regeln beachten. Während Sie als deutscher Urlauber lediglich Ihren Personalausweis mit sich führen müssen, benötigt Ihr Hund einen europäischen Heimtierausweis, um einreisen und sich im Land aufhalten zu dürfen. Daneben müssen Hunde auch gechipt sein. In Bezug auf den Heimtierausweis ist das Wichtigste, dass darin eine gültige Tollwut-Impfung dokumentiert ist. Ohne Tollwut-Impfung wird Ihr Hund nicht einreisen dürfen oder Sie bekommen große Schwierigkeiten, wenn Sie während Ihres Aufenthaltes dahingehend kontrolliert werden und die Impfung nicht vorhanden ist. Im schlimmsten Fall kann Ihr Vierbeiner „beschlagnahmt" werden, also denken Sie unbedingt an eine gültige und dokumentierte Tollwut-Impfung! Für Welpen gilt zusätzlich, dass sie bei Anreise mindestens drei Monate alt sein müssen und die Tollwut-Impfung länger als 21 Tage zurückliegen muss. Weiterhin darf nicht jede Rasse nach Dänemark einreisen. Seit 2010 gibt es eine Liste von Hunderassen, die als gefährlich eingestuft werden und daher von der Einreise ausgeschlossen sind. Dazu gehören beispielsweise der

Pitbull Terrier, die Amerikanische Bulldogge, der Kangal und einige Weitere. Bei Missachtung dieser Regel kann der Hund im schlimmsten Fall eingeschläfert werden, informieren Sie sich also frühzeitig über diese „Listenhunde"! In Restaurants dürfen Hunde übrigens aufgrund der dänischen Hygienegesetze leider nicht mitgeführt werden. Zuletzt herrscht in der Sommersaison vom 1. April bis zum 30. September an den Stränden und an allen anderen öffentlichen Orten Leinenpflicht. Halten Sie sich lieber daran, denn dänische Bußgelder haben es in sich!

Verkehrsvorschriften

Auch in Sachen Verkehr gibt es ein paar wichtige Vorschriften, die Sie unbedingt beachten sollten, um hohe Bußgelder zu vermeiden. Zunächst einmal beträgt die maximale Geschwindigkeit innerorts wie in Deutschland 50 km/h. Außerhalb von Ortschaften und auf Landstraßen dürfen Sie maximal 80 km/h fahren und auf dem „Motorvej" – der Autobahn – ist die Geschwindigkeit auf 130 km/h, oft sogar auf nur 120 km/h begrenzt. Eine Aufhebung der Geschwindigkeitsbegrenzung gibt es auf der dänischen Autobahn nie. Wie in Deutschland müssen Sie sowohl ein Warndreieck als auch einen Verbandskasten im Auto haben, die Warnweste wird lediglich empfohlen. Natürlich sollten Sie auch Führerschein und Fahrzeugschein dabei haben und sicherheitshalber auch die Versicherungspapiere Ihres Autos.

In Dänemark ist es zudem Pflicht, im Verkehr nicht nur am Abend oder in der Nacht, sondern auch tagsüber das Fahrtlicht anzuschalten. Das Standlicht reicht nicht aus! Übrigens sollten Sie während Ihres Aufenthaltes eine Parkscheibe im Auto liegen haben, mit der Sie vielerorts kostenfrei parken können. Auch deutsche Parkscheiben werden problemlos akzeptiert.

Eine Besonderheit, die für Sie anfangs ungewöhnlich sein wird, sind die „Haifischzähne" auf den dänischen Straßen. Dabei handelt es sich um weiße Dreiecke auf dem Fahrbahnboden, die signalisieren, den Verkehrsteilnehmern auf den Straßen ohne „Haifischzähne" Vorfahrt zu gewähren. An vielen Stellen ersetzen diese Dreiecke also das auch uns bekannte „Vorfahrt gewähren"-Schild.

Wenn Sie durch die dänischen Straßen fahren, werden Sie schnell die seltsamen Kennzeichen bemerken. Das liegt am für Dänemark typischen Wunschkennzeichen, die es sonst nirgendwo in dieser Art gibt. Für das Kennzeichen gibt es hier kaum Regeln, man kann sich beispielsweise durch Buchstabenkombinationen einen (fast) beliebigen

Namen auf das Auto zaubern. Ziffern und auch Leerzeichen sind ebenfalls erlaubt, solange die Kombination mindestens zwei und maximal sieben Zeichen enthält. Einzig und allein anzügliche oder schlüpfrige Begriffe sind verboten. Diese Kennzeichen haben aber mit über 800 Euro auch einen stolzen Preis. Übrigens ist Dänemark das einzige Land der europäischen Union, in dem das EU-Kennzeichen noch nicht verpflichtend ist.

5. Das Paradies im Norden Europas

Nach den zahlreichen Eindrücken, die Ihnen dieser Ratgeber nähergebracht hat, stimmen Sie hoffentlich zu, dass Harboøre mit seiner Umgebung das Paradies im Norden Europas ist. Um Sie endgültig davon zu überzeugen, finden Sie hier noch einmal die zehn ausschlaggebendsten Gründe für einen Urlaub in Harboøre:

1. entspannte Tage am Strand voller Ruhe
2. ausgiebige und spannende Rad- und Wandertouren
3. naturbelassene Gebiete

4. Meeresbewohner und einheimische Tiere hautnah erleben
5. eigenes Ferienhaus direkt am Strand mit Garten, Terrasse und wahlweise mit Pool
6. Hunde sind überall herzlich willkommen
7. viele Museen für historisch und kulturell Interessierte
8. sportliche Aktivitäten in mehreren Freizeitcentern
9. trotz ruhiger Lage viele Einkaufsmöglichkeiten
10. tolle Restaurants zu angemessenen Preisen

Ob Sie also Entspannung suchen, an Geschichte und Kultur interessiert oder naturverbunden sind. In einem Urlaub in Harboøre kommt jeder auf seine Kosten. Lassen Sie sich die Geschichte des Ersten und Zweiten Weltkriegs in den vielen Museen näher bringen, werden Sie in den zahlreichen Freizeitcentern sportlich aktiv, entspannen Sie am Strand, baden Sie mit Ihrem Hund im Meer, erleben Sie die Meeresbewohner hautnah, unternehmen Sie Rad- und Wandertouren durch das ländliche Gebiet oder bummeln Sie durch die malerischen Städtchen der Region. Sie sehen also, dass für jeden etwas dabei ist und deshalb ist Harboøre der perfekte Urlaubsort für Jung, Alt und natürlich für Vierbeiner.

Packliste

Geld & Finanzen

O (evtl.) Auslandswährung
O Bargeld
O Bauchtasche
O Brustbeutel
O Bauchtasche
O EC-Karte
O Kreditkarte
O Notfall-Telefonnummern der Banken
O Portmonee

Hygiene

O Haarbürste / Kamm
O Deo (klein)
O Shampoo
O Kulturtasche
O Sonnencreme
O Taschentücher

O Reise-Zahnbürste und Zahnpasta
O Verhütungsmittel

Kleidung

O Badeklamotten
O Gürtel
O Hosen kurz / lang
O Mütze / Cap / Hut
O Pullover
O Regenjacke
O Schlafanzug
O Socken
O Sonnenbrille
O Sportklamotten / Jogginghose
O T-Shirts
O Unterwäsche

Medikamente

O Blasenpflaster
O Anti-Durchfalltabletten
O Erste-Hilfe-Set

O Fiebertabletten
O Fiebertabletten
O Mückenschutz
O sonstige Medikamente
O Pflaster
O Kopfschmerztabletten

Unterlagen & Papiere

O ADAC Unterlagen
O Adresslisten für Postkarten
O Krankversicherungsnachweis
O Stadtplan
O Führerschein
O Unterlagen für die Unterkunft
O Wasserdichte Hülle für Reiseunterlagen
O Impfausweis
O Mietwagenunterlagen
O Personalausweis
O Reisepass
O Reisetagebuch
O evtl. Studentenausweis

O evtl. Visum
O Zug- / Bahn- / Flugticket

Taschen & Rucksäcke

O Koffer / Trolley / Reisetasche
O Regenhülle für Rucksack
O Rucksack

Schuhe

O Badeschlappen / Hausschuhe
O Schuhe und Wechselschuhe

Sonstiges

O Brille / Kontaktlinsen und Etui
O Buch zum Lesen
O Ohrenstöpsel und Schlafmaske
O Regenschirm
O Reisedecke
O Wasserflasche
O Wörterbuch

Elektronik

O Digitalkamera
O Handy
O Ladekabel
O Kopfhörer
O evtl. Steckdosenadapter
O Power-Bank

Herstellung und Verlag:

BoD – Books on Demand, Norderstedt

ISBN: 9783750452084

Kontakt: Psiana eCom UG/ Berumer Str. 44/ 26844 Jemgum

Covergestaltung: Fenna Larsson

Coverfoto: depositphotos.com